新 HSK（四级）高分实战试卷 3

刘　云　主编

北京大学出版社
PEKING UNIVERSITY PRESS

图书在版编目(CIP)数据

新 HSK(四级)高分实战试卷.3 / 刘云主编. —北京:北京大学出版社,2011.10
(北大版新 HSK 应试辅导丛书)
ISBN 978-7-301-19549-9

Ⅰ.新… Ⅱ.刘… Ⅲ.汉语—对外汉语教学—水平考试—题解 Ⅳ.H195-44

中国版本图书馆 CIP 数据核字(2011)第 191957 号

书　　　名:新 HSK(四级)高分实战试卷 3
著作责任者:刘　云　主编
责 任 编 辑:欧慧英
标 准 书 号:ISBN 978-7-301-19549-9/H・2947
出 版 发 行:北京大学出版社
地　　　址:北京市海淀区成府路 205 号　100871
网　　　址:http://www.pup.cn
电 子 邮 箱:zpup@pup.pku.edu.cn
电　　　话:邮购部 62752015　发行部 62750672　编辑部 62752028
出版部 62754962
印 刷 者:三河市富华印装厂
经 销 者:新华书店
787 毫米×1092 毫米　16 开本　2.75 印张　56 千字
2011 年 10 月第 1 版　2011 年 10 月第 1 次印刷
定　　　价:10.00 元

目　录

新 HSK（四级）

注　　意

一、**HSK**（四级）分三部分：

1. 听力（45 题，约 30 分钟）

2. 阅读（40 题，40 分钟）

3. 书写（15 题，25 分钟）

二、听力结束后，有 5 分钟填写答题卡。

三、全部考试约 105 分钟（含考生填写个人信息时间 5 分钟）。

中国　北京　　　××××/××××××　　编制

一、听　力

（听力内容请登录 http://www.pup.cn/dl/newsmore.cfm?sSnom=d203 下载）

第一部分

第 1—10 题：判断对错。

例如：我想去办个信用卡，今天下午你有时间吗？陪我去一趟银行？

★ 他打算下午去银行。（ √ ）

现在我很少看电视，其中一个原因是，广告太多了，不管什么时间，也不管什么节目，只要你打开电视，总能看到那么多的广告，浪费我的时间。

★ 他喜欢看电视广告。（ × ）

1. ★ 现在很少有人喜欢看书。（　　）

2. ★ 这家饭馆儿生意好。（　　）

3. ★ 经历丰富的人比较热爱生活。（　　）

4. ★ 他们是同事。（　　）

5. ★ 老年人应该多锻炼。（　　）

6. ★ 他还在上学。（　　）

7. ★ 使用传真很麻烦。（　　）

8. ★ 他们晚上吃饺子。（　　）

9. ★ 目标高了就无法实现。（　　）

10. ★ 他在介绍李教授。（　　）

第二部分

第11—25题：请选出正确答案。

例如：女：该加油了，去机场的路上有加油站么？
男：有，你放心吧。
问：男的主要是什么意思？
A 去机场　　B 快到了
C 油是满的　　D 有加油站 √

11. A 同事　　B 同学
C 夫妻　　D 邻居

12. A 他们在表演　　B 游戏不太好玩
C 笑话不好笑　　D 女的很有信心

13. A 非常难　　B 没意思
C 句子短　　D 没有重点

14. A 25 块　　B 20 块
C 15 块　　D 5 块

15. A 很一般　　B 比较全面
C 重点清楚　　D 内容不真实

16. A 自己没错　　B 道歉很容易
C 自己非常伤心　　D 女朋友很难过

17. A 教学方法　　B 师生关系
C 考试成绩　　D 学生自己

18. A 被批评了　　B 公司要加班
C 男的没有去　　D 没看到演唱会

19. A 很突然　　B 很难过
C 非常高兴　　D 十分烦恼

20. A 去学技术　　B 去做生意
C 找老板商量　　D 换新的工作

21. A 不喜欢表演　　B 想去学习跳舞
C 动作非常难看　　D 跳舞水平一般

22. A 经理　　B 售货员
C 男的的妹妹　　D 女的的朋友

23. A 认真学习　　B 讨论计划
C 商量问题　　D 鼓励孩子

24. A 还没结婚　　B 想要搬家
C 出生在北方　　D 不是本地人

25. A 公司发展　　B 招聘条件
C 市场竞争　　D 家具质量

第三部分

第26—45题:请选出正确答案。

例如:男:把这个文件复印五份,一会儿拿到会议室发给大家。
　　女:好的。会议是下午三点吗?
　　男:改了。三点半,推迟了半个小时。
　　女:好,602会议室没变吧?
　　男:对,没变。
　　问:会议几点开始?
　　A 两点　　B 3点
　　C 3:30 √　　D 6点

26. A 打折的车不好　　B 男的车买贵了
　　C 女的准备买车　　D 男的买了新车

27. A 非常懒　　B 瘦了十斤
　　C 正在减肥　　D 喜欢锻炼

28. A 是位律师　　B 换了手机号
　　C 经常出差　　D 遇到了麻烦

29. A 借书去了　　B 在写作业
　　C 去上课了　　D 去吃饭了

30. A 坏了　　B 买贵了
　　C 太小了　　D 说明书丢了

31. A 孩子很可爱　　B 男的是老师
　　C 孩子还没上学　　D 女的工作很忙

32. A 家里　　B 公司
　　C 宾馆里　　D 公交车上

33. A 做菜　　B 洗水果
　　C 打电话　　D 等孩子吃饭

34. A 房子太小了　　B 房子租金很贵
　　C 他们想要买房　　D 他们工资很高

35. A 非常骄傲　　B 心情不好
C 不爱画画　　D 有个弟弟

36. A 上过大学　　B 工资很高
C 生活很辛苦　　D 看起来很年轻

37. A 心情不好　　B 被批评了
C 太伤心了　　D 太高兴了

38. A 容易理解　　B 句子比较长
C 内容不真实　　D 故事性很强

39. A 它能减轻压力　　B 讲笑话很无聊
C 它能带来快乐　　D 笑话也是文学

40. A 洗脸　　B 洗手
C 睡觉　　D 洗澡

41. A 皮肤保护　　B 电脑使用
C 身体健康　　D 学习生活

42. A 节目里　　B 故事中
C 广告中　　D 报纸上

43. A 广告　　B 电影
C 新闻　　D 电视剧

44. A 工资高低　　B 工作时间
C 职业发展　　D 爱好兴趣

45. A 兴趣要广泛　　B 如何做生意
C 找工作很麻烦　　D 怎样选择职业

二、阅　读

第一部分

第 46—50 题：选词填空。

A 教育　　B 组成　　C 份　　D 坚持　　E 响　　F 平时

例如：她每天都（ D ）走路上下班，所以身体一直很不错。

46. 随着生活水平的提高，人们对（　　）问题越来越重视。

47. 这个组织由热爱自然的人（　　），它的目的在于保护环境。

48. （　　）李老师很忙，你要找他的话得提前给他打电话。

49. 你的手机声音太（　　）了，这样容易吵到别人。

50. 这是一（　　）调查报告，麻烦你帮我修改一下。

第 51—55 题：选词填空。

A 印象　B 紧张　C 气温　D 不管　E 篇　F 做生意

例如：A：今天真冷啊，好像白天最高（ C ）才 2℃。
B：刚才电视里说明天更冷。

51. A：你对小刘的（　）怎么样？我准备升他做经理。
B：还不错，他是个非常负责的人，做经理肯定没问题。

52. A：看到台下那么多人，我就害怕，真担心我的表演会出问题。
B：别（　），你要对自己有信心。

53. A：你这几年在哪儿（　）？怎么从来都没有你的消息？
B：我在南方开了一家公司，很少回来。

54. A：你看过那（　）关于爱情的文章吗？
B：看过，写得非常感人。

55. A：（　）你想不想去，明天都要陪我去逛街。
B：那好吧，等我下班给你打电话。

第二部分

第 56—65 题：排列顺序。

例如：A 可是今天起晚了
B 平时我骑自行车上下班
C 所以就打车来公司 B A C

56. A 如果你有时间
B 我过一会儿来拿
C 麻烦你把这份材料打印一下 ______

57. A 出去旅游时
B 否则容易走丢
C 要紧紧地跟着导游 ______

58. A 总是喜欢到处乱跑
B 你这孩子真不让人省心
C 万一丢了怎么办 ______

59. A 你游戏玩儿得好不算什么
B 这也没什么好得意的
C 成绩考第一才是真正的本事 ______

60. A 我都不会乱发脾气
B 即使我再不高兴
C 因为这样容易伤到别人 ______

61. A 你都应该相信他
B 那么无论别人说什么
C 既然这个人值得你信任 ______

62. A 只能把旅游计划推迟
B 但是因为工作太忙
C 我本来想去旅游的 ______

63. A 实在是不能再等她了
B 我们就不得不出发了
C 李静要是还不来 ______

64. A 可是你现在不努力学习
B 我知道学习很累
C 将来怎么在社会中和别人竞争 ______

65. A 所以刚来到城市觉得不适应
B 总感觉城市的环境特别吵
C 大概是因为我习惯了农村生活 ______

第三部分

第66—85题：请选出正确答案。

例如：她很活泼，说话很有趣，总能给我们带来快乐，我们都很喜欢和她在一起。

★ 她是个什么样的人？

A 幽默 √　　B 马虎

C 骄傲　　D 害羞

66. 做选择并不容易，很多人在做决定前都拿不定主意，就算经过认真思考后的决定也不一定正确，与其这样还不如去和别人多交流，听听别人的观点。

★ 这段话告诉我们做选择前：

A 必须考虑结果　　B 应该联系实际

C 可以听些意见　　D 需要仔细思考

67. 张教授就是这样的一个人，为了艺术他可以什么都不顾，特别是对京剧艺术的保护，只要是关于保护京剧文化上的事情，他从来都不会拒绝。

★ 张教授：

A 非常大方　　B 不太负责

C 不懂得拒绝人　　D 非常关心艺术

68. 很多人都喜欢看电影，我也如此。可是我看电影的目的和别人有些不同，我主要是想了解电影文化，多知道一些课外知识。

★ "我"看电影是因为：

A 多学知识　　B 工作需要

C 兴趣爱好　　D 没事可做

69. 事情交给小王办你还担心什么，他做事非常认真，一定可以把事情办好，我们就等着听他的好消息吧，他不会让你失望的。

★ 根据这句话，可以知道小王：

A 比较懒　　B 很有能力

C 喜欢思考　　D 做事很马虎

70. 越是智商高的人可能就越孤单，因为他们关注的重点不是怎样和身边的朋友友好相处，而是怎样在生活或者工作中胜过比他们更聪明的人。

★ 优秀的人：

A 比较负责　　B 最喜欢热闹

C 朋友可能不多　　D 不喜欢帮助人

71. “天下没有白吃的午饭”，每一位成功者手中的鲜花都是他们的汗水和心血换来的，而那些什么都不做就想获得成功的人最终只能是失败者。

★ 这段话告诉我们：

A 要学会放弃　　B 要多向人学习

C 失败并不可怕　　D 努力才能成功

72. 勇敢往往会和一个人的生活环境联系起来，没有那种环境很难出现勇敢的人，大部分勇敢的人并不是说多聪明，也不是性格多特别，仅仅只是因为环境的影响。

★ 这段话主要谈勇敢和什么的关系？

A 心情　　B 性格

C 环境　　D 能力

73. 我们都知道压力过大会影响人的身体健康，减轻压力的办法有很多种，最简单的就是听听音乐，散散步，但是这些方法不能从根本上解决问题，最有用的办法还是要勇敢地面对它。

★ 这段话主要是谈：

A 健康的好处　　B 如何锻炼身体

C 怎样思考问题　　D 怎样减轻压力

74. 现在在年轻人中很流行自己开车出去旅游，他们比较喜欢自由，而自己开车出去就可以想去哪儿就开到哪儿，不需要听任何人的建议。

★ 根据这段话，现在的年轻人：

A 喜欢买好车　　B 不懂得节省

C 思想很复杂　　D 不喜欢被限制

75. 理解能力较好的人，不仅容易明白别人表达的意思，而且喜欢表现自己，另外，这样的人也很容易与人相处，所以他们在朋友中比较受欢迎。

★ 理解能力好的人一般：

A 烦恼少　　B 喜欢交流

C 非常聪明　　D 经历丰富

76. 说话并不是一件简单的事情，如果你只注意怎样去说话，你会发现你所说的语言没有什么艺术，但是如果你用心去听，思考后所说的话往往就是一种艺术。

★ 这段话主要告诉我们：

A 经常交流　　B 多了解艺术

C 说话前要思考　　D 少说话多做事

77. 爱写日记的人懂得坚持，不会随便说放弃，这些人在生活中也非常受欢迎，因为他们会耐心地把事情做完，而且会比其他人更有责任心。

★爱写日记的人：

A 缺少耐心　　B 都非常优秀

C 比别人更聪明　　D 做事比较认真

78. 小丽下午穿了一件非常紧身的衣服来让我给点意见，我说："这么紧身的衣服不是你这种胖人穿的。"她转过身一句话没说，非常生气地走了，这时我才发现自己不小心说错了话。

★ 小丽为什么会生气？

A 减肥没成功　　B 觉得被笑话了

C 别人说她很矮　　D 被老师批评了

79. "人心齐，才会在竞争中发展"说的完全是我们公司这几年成功发展的关键，所以接下来的这几年我希望公司所有的人都能继续坚持这种精神，不错过每一次机会，勇敢地面对将来的困难。

★ 他们公司成功的关键在于：

A 合作　　B 竞争

C 管理　　D 计划

80—81.

性格关系着你的成功和失败。性格活泼外向的人，他们喜欢与人交流，而且心态很好，在面对困难时总是往好的方面想。性格内向安静的人，他们不太喜欢表达，经常一个人工作，所以他们很难成功，但是性格内向的人一大优点就是做事非常认真，他比性格外向的人考虑事情要全面。

★ 性格内向的人：

A 容易成功　　B 做事马虎

C 喜欢思考　　D 工作没耐心

★ 性格外向的人遇到事情时会：

A 仔细考虑　　B 自己处理

C 容易紧张　　D 积极面对

82—83.

爸爸妈妈个子都不高，他们害怕我长大以后像他们一样，所以在我很小的时候就给我订了个增高计划，首先妈妈在我吃的东西上特别注意，不允许我吃太多甜的食品，多吃米饭，除此之外，妈妈还要求我坚持锻炼，每天跑步散步，练习跳舞。现在我长大了，妈妈的苦心总算没有白费，我不但长得很高而且身体非常健康。

★ 妈妈希望我：

A 长个子　　B 成为演员

C 注意打扮　　D 变瘦一点儿

★ 妈妈的计划：

A 比较成功　　B 需要修改

C 不太科学　　D 非常详细

84—85.

随着生活水平的提高，不仅城市的生活条件越来越好，农村的生活也在发生着变化，很多人家中都买了电脑、空调和冰箱，他们也和城里人一样，出门就可以坐上车，交通十分方便。除了这些之外，更重要的是他们也开始注重精神生活，很多地方每到节日就会举办活动，而在平时他们会一起喝茶、聊天。

★ 根据这段话，可以知道现在的农村：

A 仍然很穷　　B 交通不方便

C 生活很丰富　　D 家家都有电脑

★ 这段话主要是谈：

A 社会问题　　B 城市的发展

C 经济困难　　D 农村的变化

三、书　写

第一部分

第 86—95 题：完成句子。

例如：那座桥　　800 年的　　历史　　有　　了

<u>那座桥有 800 年的历史了。</u>

86. 他　　主动　　问题　　经常　　回答

87. 会　　我　　对　　事情　　这件　　负责

88. 一点儿　　详细　　地址　　写得　　把　　你

89. 总是　　不要　　别人的　　帮助　　拒绝

90. 的　　你　　看法　　特别　　真

91. 找　　我　　空的　　想　　瓶子　　一个

92. 去　　老师　　请假了　　吗　　那儿　　你

93. 你　　个子　　竟然　　妹妹的　　高　　这么

94. 你　　网站　　可以　　去　　上　　那个

95. 啊　　勇敢　　小学生　　真　　这个

第二部分

第96—100题：看图，用词造句。

例如： 乒乓球 他很喜欢打乒乓球。

96.  精彩

97.  商量

98.  整齐

99.  敲

100.  羽毛球

答　案

一、听　力

第一部分

1. ×	2. √	3. √	4. ×	5. √
6. ×	7. ×	8. ×	9. ×	10. √

第二部分

11. A	12. D	13. A	14. C	15. A
16. A	17. D	18. C	19. A	20. B
21. D	22. C	23. D	24. D	25. A

第三部分

26. C	27. A	28. D	29. A	30. A
31. C	32. B	33. D	34. C	35. D
36. C	37. D	38. A	39. B	40. A
41. A	42. A	43. D	44. A	45. D

二、阅　读

第一部分

46. A	47. B	48. F	49. E	50. C
51. A	52. B	53. F	54. E	55. D

第二部分

56. ACB	57. ACB	58. BAC	59. ABC	60. BAC
61. CBA	62. CBA	63. CBA	64. BAC	65. CAB

第三部分

66. C	67. D	68. A	69. B	70. C
71. D	72. C	73. D	74. D	75. B
76. C	77. D	78. B	79. A	80. C
81. D	82. A	83. A	84. C	85. D

三、书　写

第一部分

86. 他经常主动回答问题。
87. 我会对这件事情负责。
88. 你把地址写得详细一点儿。
89. 不要总是拒绝别人的帮助。
90. 你的看法真特别。
91. 我想找一个空的瓶子。
92. 你去老师那儿请假了吗？
93. 你妹妹的个子竟然这么高。
94. 你可以去上那个网站。
95. 这个小学生真勇敢啊！

第二部分

（参考答案）

96. 观众往往会被精彩的表演吸引。
    很多人都说这次举办的活动特别精彩。
97. 重要的计划都是经过仔细商量后才决定的。
    有问题一定要先商量，否则会带来很多麻烦。
98. 这个房间被收拾得非常整齐。
    爱干净的人喜欢把自己的房间收拾整齐。
99. 他在门外敲了半天，经理也没听见。
    进办公室不敲门这是一点儿也不礼貌的。
100. 她打羽毛球的水平特别高。
    有些人认为经常打羽毛球可以减肥。

听力材料及听力部分题解

（音乐，30 秒，渐弱）

大家好！欢迎参加 HSK（四级）考试。
大家好！欢迎参加 HSK（四级）考试。
大家好！欢迎参加 HSK（四级）考试。

HSK（四级）听力考试分三部分，共 45 题。
请大家注意，听力考试现在开始。

第一部分

第 1—10 题：判断对错。

例如：我想去办个信用卡，今天下午你有时间吗？陪我去一趟银行？

★ 他打算下午去银行。

现在我很少看电视，其中一个原因是，广告太多了，不管什么时间，也不管什么节目，只要你打开电视，总能看到那么多的广告，浪费我的时间。

★ 他喜欢看电视广告。

现在开始第 1 题：

1.

虽然现在人们的兴趣爱好十分多，喜欢看书的人在逐渐减少，但是对于大多数人来说，看书仍然是他们生活中不可缺少的一部分。

★ 现在很少有人喜欢看书。（×）

【题解】从听力材料可以知道“看书仍然是他们生活中不可缺少的一部分”，并不是说“很少人喜欢看书”，所以这道题是错误的，听这道题的关键是抓住“对于大多数人来说”这句话。

2.

这家饭馆儿的菜是我们这儿最好吃的，每天都会有很多人来这儿吃饭，如果你准备在这儿请客，最好提前打电话。

★ 这家饭馆儿生意好。（√）

【题解】根据听力材料中“每天都会有很多人来这儿吃饭”和“最好提前打电话”可以知道，来这儿吃饭的人很多，而且还要提前预订，说明这家饭馆儿生意很好。这道题是正确的。

3.

> 经历丰富的人往往比其他人更懂得如何生活，他们从来不认为生活是无聊烦恼的，相反他们觉得生活到处是快乐。
> ★ 经历丰富的人比较热爱生活。(√)

【题解】根据“他们从来不认为生活是无聊烦恼的”和“他们觉得生活到处是快乐”可以知道，经历丰富的人热爱生活。这道题是正确的。

4.

> 今天我真得回去，公司还有很多事情要我处理呢！等下一次我来出差时咱们这些老同学再一起吃顿饭。
> ★ 他们是同事。(×)

【题解】根据听力材料中“咱们这些老同学再一起吃顿饭”这句话，可以知道他们是同学。考生不能只根据听到了“公司”这个词而认为他们就是同事关系。这道题是错误的。

5.

> 年龄越大的人就越应该注意锻炼，因为人们随着年龄的增长身体会逐渐变差，只有经常锻炼才会有好的身体。
> ★ 老年人应该多锻炼。(√)

【题解】根据“年龄越大的人就越应该注意锻炼”可以知道，老年人是应该多锻炼。这道题是正确的。

6.

> 工作五年后，我才发现上学的那段时间是最快乐最轻松的时候，可是当时我却没有这样觉得。
> ★ 他还在上学。(×)

【题解】根据听力材料中“工作五年后”可以知道，“我”现在已经工作了，而不是还在上学，所以这道题是错误的。考生不能只根据听到的一些词语的简单组合而做出判断。

7.

> 现在几乎所有的公司都喜欢用传真来收发信息，因为它不仅使用方便而且收发信息的速度非常快。
> ★ 使用传真很麻烦。(×)

【题解】根据听力材料“它不仅使用方便而且收发信息的速度非常快”这句话

可以知道，使用传真不仅方便而且速度很快，所以这道题是错误的。

8.

> 既然今天要加班，晚饭我们就在公司附近随便吃点儿面条吧，如果下班后饿了，我们再去买些饺子吃。
>
> ★ 他们晚上吃饺子。（×）

【题解】根据“晚饭我们就在公司附近随便吃点儿面条吧”可以知道，他们晚饭吃的是面条而不是饺子，所以这道题是错误的。考生可能会因为抓错了关键词而认为这道题正确。

9.

> 并不是说目标高了就不能实现，相反给自己定一个高一点儿的目标更能鼓励自己积极向上，从而实现目标。
>
> ★ 目标高了就无法实现。（×）

【题解】根据“并不是说目标高了就不能实现”这句话中的关键词“并不是”可以知道，认为目标高就不能实现的观点是错误的，所以这道题是错误的。解答这道题的关键是抓住关键词“并不是”。

10.

> 今天我们很高兴邀请到了李教授来为我们演讲，李教授是语言研究方面的大师，他毕业于北京大学，后来去了国外读博士。
>
> ★ 他在介绍李教授。（√）

【题解】根据“李教授是语言研究方面的大师，他毕业于北京大学，后来去了国外读博士”，这些都是关于李教授的具体信息，所以说话人就是在介绍李教授。这道题是正确的。

第二部分

第11—25题：请选出正确答案。

例如：女：该加油了，去机场的路上有加油站吗？
男：有，你放心吧。
问：男的主要是什么意思？

现在开始第 11 题：

11.

女：这是给你们的材料，你现在拿回去，顺便让小王来我办公室一趟。
男：小王去机场接张经理了，等他回来我就告诉他。
问：他们是什么关系？

A 同事　B 同学　C 夫妻　D 邻居

【题解】根据听力材料中“这是给你们的材料”和“顺便让小王来我办公室一趟”可以知道，这段对话发生在公司，并且是同事之间的，所以正确答案是 A。

12.

男：我们来做个游戏，每个人说一个笑话，谁先笑了，谁就算输，怎么样？
女：没问题，这对我来说太容易了！
问：根据对话，可以知道什么？

A 他们在表演　B 游戏不太好玩
C 笑话不好笑　**D 女的很有信心**

【题解】从“没问题，这对我来说太容易了”这句话可以知道，这个游戏对女的来说比较简单，她很有信心，所以这道题的正确答案是 D。一般像“对我来说很容易”、“对我来说非常简单”这样的表述表示说话人很有信心。

13.

男：你看懂这篇文章了吗？我看了半天都没明白。
女：我也是，这篇文章很难理解，我们还是听老师讲解吧。
问：关于这篇文章，可以知道什么？

A 非常难　B 没意思
C 句子短　D 没有重点

【题解】根据听力材料中“我看了半天都没明白”和“这篇文章很难理解”可以知道，这篇文章非常难，所以这道题的正确答案是 A。而 BCD 项对话中没有提到。

14.

女：这盒巧克力怎么少了？昨天还剩二十块呢！
男：是红色的那盒吗？我昨晚看电视时吃了五块。
问：盒子里现在有多少块巧克力？

A 25 块　B 20 块　**C 15 块**　D 5 块

【题解】根据对话中“昨天还剩二十块呢”和“我昨晚看电视时吃了五块”，可以知道盒子里现在只有十五块巧克力了，所以这道题的正确答案是 C。

15.

男：这个计划并不比我们的好，它连最基本的市场信息都没有。
女：我也这么认为，不过在公司的发展方向上它要比我们的计划全面。
问：男的认为这个计划怎么样？

A 很一般 B 比较全面
C 重点清楚 D 内容不真实

【题解】根据听力材料"这个计划并不比我们的好"可以知道，男的认为这个计划比较一般，所以这道题的正确答案是 A。"它连最基本的市场信息都没有"有遗漏但不是不真实，所以排除答案 D；全面的是计划中的公司发展方向，而不是整个计划，所以排除答案 B；C 项材料没有提到。

16.

女：你要主动道歉，否则你女朋友怎么可能原谅你？
男：可是我认为这件事情不怪我，只是一个误会而已，为什么我要向她道歉？
问：男的是什么意思？

A 自己没错 B 道歉很容易
C 自己非常伤心 D 女朋友很难过

【题解】根据听力材料"可是我认为这件事情不怪我"可以知道，男的认为这件事情不是自己的错，所以这道题的正确答案是 A。

17.

男：我觉得教育的关键在于学生而不是老师，我们老师应该尊重学生的兴趣爱好。
女：我也这么想，我希望以后孩子们能选择自己喜欢的课程学习。
问：男的认为教育最重要的是什么？

A 教学方法 B 师生关系
C 考试成绩 **D 学生自己**

【题解】根据听力材料"我觉得教育的关键在于学生而不是老师"可以知道，男的认为教育最重要的是学生自己，所以这道题的正确答案是 D。选项 ABC 对话中都没有提到。

18.

女：不是约好昨晚一起去看演唱会吗？你怎么没来？
男：真对不起，昨晚我在公司加班，忘了给你打电话。
问：女的为什么生气？

A 被批评了 B 公司要加班
C 男的没有去 D 没看到演唱会

【题解】从听力材料可以知道，男的和女的约好昨晚一起去看演唱会，可是因为男的昨晚加班，没有告诉女的不去的原因，所以女的才生气的。这道题的正确答案是 C。

19.

男：小红，我们准备明天去你爷爷家，你现在去把东西收拾一下。

女：不是说下星期吗？怎么这么快？我都来不及给爷爷买礼物了。

问：对于男的的决定，女的感觉怎么样？

A 很突然　　B 很难过

C 非常高兴　　D 十分烦恼

【题解】根据“不是说下星期吗？怎么这么快？我都来不及给爷爷买礼物了”这句话，可以知道女的没有料想到他们会提前去爷爷家，所以感觉很突然。因此这道题的正确答案是A。

20.

男：我想换一份工资高点儿的工作，你觉得怎么样？

女：上班赚钱远不如自己当老板，你可以自己开店。

问：女的希望男的做什么？

A 去学技术　　**B 去做生意**

C 找老板商量　　D 换新的工作

【题解】从“上班赚钱远不如自己当老板，你可以自己开店”这句话中的“自己当老板”和“自己开店”，可以知道女的建议男的做生意，所以这道题的正确答案是B。

21.

女：你的动作挺标准的，放心吧，明天的表演应该没问题。

男：希望如此，不过我的跳舞水平不怎么样，明天和专业演员一起表演真担心会出问题。

问：关于男的，可以知道什么？

A 不喜欢表演　　B 想去学习跳舞

C 动作非常难看　　**D 跳舞水平一般**

【题解】根据“不过我的跳舞水平不怎么样”这句话可以知道，男的跳舞的水平很一般，所以这道题的正确答案是D。

22.

女：你妹妹的要求太高了，我朋友给她介绍了好几家公司，她都说不行。

男：我也经常这么说她，可是她总不听。

问：他们正在讨论谁？

A 经理　　B 售货员

C 男的的妹妹　　D 女的的朋友

【题解】根据听力材料可以知道，他们正在讨论男的的妹妹。考生不能听到“公司”就选“经理”，要在听懂的基础上，抓住关键词，再选答案。这道题正确答案是C。

23.

男：妈妈，我很担心考不上，我对这次的高考一点儿信心也没有。
女：别想那么多，要相信自己，你一直都很努力，这次的考试肯定也没问题。
问：女的正在做什么？

A 认真学习　　B 讨论计划
C 商量问题　　**D 鼓励孩子**

【题解】根据听力材料可以知道，男的很担心自己的高考，女的正在鼓励男的，要他相信自己，所以这道题的正确答案是D。

24.

男：听你说话不像是这儿的人，你是南方来的吗？
女：是的，我出生在南方，后来父母来北方做生意，我们家也就搬了过来。
问：关于女的，可以知道什么？

A 还没结婚　　B 想要搬家
C 出生在北方　　**D 不是本地人**

【题解】根据"我出生在南方，后来父母来北方做生意，我们家也就搬了过来"这句话可以知道，女的是从南方搬到北方的，并不是本地人，所以这道题正确答案是D。

25.

男：经理，我们公司的家具进入市场后很受欢迎，这个时候我们可以考虑一下扩大竞争市场。
女：你的意见值得考虑，你先写一份详细的计划，然后我们再具体讨论。
问：他们正在讨论什么？

A 公司发展　　B 招聘条件
C 市场竞争　　D 家具质量

【题解】从"这个时候我们可以考虑一下扩大竞争市场"这句话可以知道，他们想要进一步扩大市场，正在讨论公司的发展问题，所以这道题的正确答案是A。

第三部分

第26—45题：请选出正确答案。

例如：男：把这个文件复印五份，一会儿拿到会议室发给大家。
女：好的。会议是下午三点吗？
男：改了。三点半，推迟了半个小时。
女：好，602会议室没变吧？

男：对，没变。

问：会议几点开始？

现在开始第26题：

26.

男：周末去买车了吗？广告上说的那家车怎么样？

女：别提了，跟广告上介绍的相差很多。

男：广告上不是说现在买车可以打折吗？

女：是啊！但是店里可以打折的车非常少！

问：根据对话，可以知道什么？

A 打折的车不好　B 男的车买贵了

C 女的准备买车　D 男的买了新车

【题解】根据对话可以知道，女的周末去店里看车了，但由于店里的车和广告中介绍的差别很大，所以没有买。但从这点可以得出女的是想要买车的，所以这道题的正确答案是C。

27.

男：说到减肥还是我最有经验，我一个月减了十斤。

女：你是怎么做到的？

男：只要你能坚持每天六点起床去锻炼，保证一个月就能瘦下来。

女：我连早饭都懒得起来吃，更别提起来锻炼了。

问：关于女的，可以知道什么？

A 非常懒　B 瘦了十斤

C 正在减肥　D 喜欢锻炼

【题解】从"我连早饭都懒得起来吃，更别提起来锻炼了"这句话可以知道，女的很懒，所以这道题的正确答案是A。考生在听这道题时，一定要注意动作是谁发出的，谁才是事件的实施者。

28.

男：我最近遇到些问题，可是我一点儿也不懂法律，真不知道该怎么办。

女：我有个朋友是律师，你可以去问问，也许她能给你一些意见。

男：那我们现在就去找她，我想快一点儿解决这件事情。

女：今天恐怕不行，她出差还没回来，我先把她的号码给你。

问：关于男的，可以知道什么？

A 是位律师　B 换了手机号

C 经常出差　**D 遇到了麻烦**

【题解】从女的"我有个朋友是律师"这句话，可以排除A项。根据男的"我最近遇到些问题”这句话，可以知道这道题的正确答案是D。

29.

女：李明，你看见班长了吗？张老师让他去办公室一趟。
男：他去图书馆借语法书了，一会儿就回来。
女：那等他回来你就通知他，我先去吃饭了。
男：好的，等他回来我就让他去。
问：班长做什么去了？

A 借书去了　　B 在写作业
C 去上课了　　D 去吃饭了

【题解】根据“他去图书馆借语法书了，一会儿就回来”这句话，可以知道班长去图书馆借书去了，所以这道题的正确答案是A。

30.

男：真是“便宜没好货，好货不便宜”，让你买贵点儿的，你非要买这个。
女：咱们现在没钱，就先买便宜的，再说这个空调简单地修一下就好了。
男：刚买没两天就坏了，质量这么差，还不如换那台贵的。
女：好吧，那我们明天就去商场换。
问：关于新买的空调，可以知道什么？

A 坏了　　B 买贵了
C 太小了　　D 说明书丢了

【题解】根据“刚买没两天就坏了”可以知道，他们新买的空调坏了，所以这道题的正确答案是A。

31.

女：孩子才五岁，送去上学有些早了。
男：没关系，现在的孩子懂事早，五岁上学应该没问题。
女：但是我担心孩子小，学习会跟不上，不如我们明年再让他上学。
男：这样也行，正好今年我们俩先教教他。
问：根据对话，可以知道什么？

A 孩子很可爱　B 男的是老师
C 孩子还没上学　D 女的工作很忙

【题解】通过女的“但是我担心孩子小，学习会跟不上，不如我们明年再让他上学”这句话，可以知道他们还没有送孩子去上学，即孩子还没上学。这道题的正确答案是C。

32.

女：都下班半小时了，你怎么还没走？
男：我把这份计划写完就走，你刚才不是走了吗？

女：我坐上公交车后发现忘了拿包，所以又回来了。
男：你总是这样忘东忘西的。
问：他们最可能在哪儿？

A 家里　　**B 公司**
C 宾馆里　　D 公交车上

【题解】根据对话可以知道，女的由于忘了拿包，所以回公司取，发现男的还在公司写计划。这段对话应该发生在公司里。因此这道题的正确答案是B。

33.

女：这都快八点了，儿子他们怎么还没回来，桌上的菜恐怕都凉了。
男：别着急，再等等，儿子刚才打电话说下了班先去接孙子然后一起回来。
女：那我再去把菜热一热，你如果没什么事儿，就去把我买的西瓜洗一洗。
男：我已经洗干净放冰箱里了。
问：他们正在做什么？

A 做菜　　B 洗水果
C 打电话　　**D 等孩子吃饭**

【题解】根据对话可以知道，他们正在等儿子和孙子回家吃饭，所以这道题的正确答案是D。AB两项都已经做好了，而C项"打电话"是之前发生的。

34.

男：你知道吗？我们看上的房子又涨了。
女：我上次就说应该买下来，现在恐怕买不起了。
男：我以为这个月会便宜一点儿呢。
女：现在房子的价格是一天比一天贵，哪儿还会便宜。
问：根据对话，下列哪项正确？

A 房子太小了　　B 房子租金很贵
C 他们想要买房　　D 他们工资很高

【题解】根据女的"我上次就说应该买下来，现在恐怕买不起了"这句话可以知道，他们已经看好房子了，想要买只是还没有买，所以这道题的正确答案是C。

35.

女：这画儿画得挺专业的，看不出来你还会画画儿。
男：过奖了，我还是小时候学的，现在基本上都忘了。
女：那很不错了。我弟弟正在学习画画儿，他每天回来都说非常累。
男：学画画儿是比较辛苦，要想学好更需要努力。
问：关于女的，可以知道什么？

A 非常骄傲　　B 心情不好
C 不爱画画　　**D 有个弟弟**

【题解】根据女的“那很不错了。我弟弟正在学习画画儿,他每天回来都说非常累”这句话,可以知道她有一个弟弟,正在学画画儿,但没有提到她自己对画画儿的态度,所以这道题的正确答案是D。

第36到37题是根据下面一段话:

> 李阿姨年龄不大,但是头发白了很多。在她儿子八岁时,她和丈夫离婚了,一个人带着孩子生活,每天她既要照顾孩子又要上班,日子很苦,不过她终于挺了过来。今年她儿子考上了大学,当她看到那红色的通知书时,激动得哭了起来。

36. 关于李阿姨,下列哪项正确?

A 上过大学　　B 工资很高

C 生活很辛苦　　D 看起来很年轻

【题解】从短文可以知道,李阿姨每天又要照顾孩子又要上班,“日子很苦”,而上大学的是她儿子,所以这道题的正确答案是C。

37. 李阿姨为什么会哭?

A 心情不好　　B 被批评了

C 太伤心了　　**D 太高兴了**

【题解】根据“当她看到那红色的通知书时,激动地哭了起来”这句话可以知道,李阿姨之所以激动是因为她儿子考上了大学,她很高兴,所以这道题的正确答案是D。

第38到39题是根据下面一段话:

> “笑一笑,十年少”,没有人会拒绝笑话带来的轻松和幽默。笑话可以说是最有趣的一种口头文学,无论何时何地,你都需要笑话来放松自己,忘掉烦恼。笑话并不长而且比较简单,所以它很容易被人们接受。

38. 根据这段话,笑话有什么特点?

A 容易理解　　B 句子比较长

C 内容不真实　　D 故事性很强

【题解】根据“笑话并不长而且比较简单”这句话可以知道,笑话句子不长,很容易理解。这道题的正确答案是A。

39. 关于笑话,下面哪项不正确?

A 它能减轻压力　　**B 讲笑话很无聊**

C 它能带来快乐　　D 笑话也是文学

【题解】从“没有人会拒绝笑话带来的轻松和幽默”和“你都需要笑话来放松自己,忘掉烦恼”这两句话可以知道,笑话可以给人带来快乐,让人放松自己。从“笑话可以说是最有趣的一种口头文学”这句话可以知道,笑话也是一种文学,所以这道题的正确答案是B。

第40到41题是根据下面一段话:

> 现在很多人都在使用电脑,但是有些人却不知道长时间使用电脑会使皮肤变得干燥。如果不对皮肤进行保护,那么皮肤会很快老

化，人也容易变老，所以使用电脑后第一步要做的就是洗脸，先做好清洗工作，然后再去做其他保护工作。

40. 使用电脑后，首先应该做什么？

A 洗脸　　B 洗手

C 睡觉　　D 洗澡

【题解】根据“使用电脑后第一步要做的就是洗脸”这句话可以知道，这道题的正确答案是 A。

41. 这段话主要谈什么？

A 皮肤保护　　B 电脑使用

C 身体健康　　D 学习生活

【题解】根据短文可以知道，这段话主要在讲使用电脑对皮肤的伤害和使用电脑后如何保护皮肤，即皮肤的保护问题。因此这道题的正确答案是 A。

第 42 到 43 题是根据下面一段话：

欢迎收看今晚的《节目我先看》，我台六点将准时播出动画城节目，七点到八点半是国际新闻，从九点开始我们将播放一个小时的最新电影，十点以后播出《浪漫爱情》第 10 集，更多精彩的节目将在稍后送出，请您准时收看。

42. 这段话可能出自哪儿？

A 节目里　　B 故事中

C 广告中　　D 报纸上

【题解】根据“欢迎收看今晚的《节目我先看》”这句话可以知道，这段话应该是一段对节目播出安排的介绍，所以这道题的正确答案是 A。

43. 十点半播放的是什么？

A 广告　　B 电影

C 新闻　　**D 电视剧**

【题解】根据“十点以后播出《浪漫爱情》第 10 集”这句话可以知道，十点之后播出的是电视连续剧，所以这道题的正确答案是 D。

第 44 到 45 题是根据下面一段话：

现在很多人选择职业首先考虑的是这份工作一个月能赚多少钱，他们认为这是最重要的。其实根据自己的爱好，选择适合自己的职业才是最关键的。人们常说兴趣是最好的老师，只有你对这个工作感兴趣，你才会认真地把它做好。

44. 很多人选择职业最关注的是什么？

A 工资高低　　B 工作时间

C 职业发展　　D 爱好兴趣

【题解】从“现在很多人选择职业首先考虑的是这份工作一个月能赚多少钱”这句话可以知道，他们最关注的是工资的多少，所以这道题的正确答案是 A。

45. 这段话主要告诉我们什么？

A 兴趣要广泛　　B 如何做生意

C 找工作很麻烦　**D 怎样选择职业**

【题解】通过“其实根据自己的爱好，选择适合自己的职业才是最关键的”和“兴趣是最好的老师”这两句话可以知道，这段话主要想告诉我们要根据自己的兴趣选择职业，所以这道题的正确答案是D。

听力考试现在结束。

阅读部分题解

第一部分

第 46—50 题：选词填空。

A 教育　B 组成　C 份　D 坚持　E 响　F 平时

46.

> 随着生活水平的提高，人们对（　　）问题越来越重视。

【题解】根据语法分析，此处缺少一个名词，再根据句意，选项中只有"教育"这个名词符合，所以此空应该选 A。

47.

> 这个组织由热爱自然的人（　　），它的目的在于保护环境。

【题解】根据语法分析，此处缺少一个动词，与介词"由"组成固定搭配，此空应该选 B。

48.

> （　　）李老师很忙，你要找他的话得提前给他打电话。

【题解】根据句意，这两个分句是表隐含的因果关系的句子。根据语法分析，此处缺少一个时间副词，"平时"就是"平常"的意思，填在此处合适，所以此空应该选 F。

49.

> 你的手机声音太（　　）了，这样容易吵到别人。

【题解】根据句意，考生可以运用逆向思维，能吵到其他人的应该是很大的声音，所以这里应该填"响"，即此空选 E。

50.

> 这是一（　　）调查报告，麻烦你帮我修改一下。

【题解】根据语法分析，这里缺少一个量词，与数词"一"共同修饰名词"调查报告"，而选项中只有"份"这一个量词，所以可以确定此空应该选 C。

第51—55题：选词填空。

A 印象　　B 紧张　　C 气温　　D 不管　　E 篇　　F 做生意

51.

A：你对小刘的(　　)怎么样？我准备升他做经理。
B：还不错，他是个非常负责的人，做经理肯定没问题。

【题解】根据对话可以知道，A 问 B 对小刘的看法和感觉，所以此空选 A“印象”。

52.

A：看到台下那么多人，我就害怕，真担心我的表演会出问题。
B：别(　　)，你要对自己有信心。

【题解】从对话可以知道，说话人 A 表演前很害怕，所以说话人 B 鼓励 A 不要紧张，所以此空应该选 B。

53.

A：你这几年在哪儿(　　)？怎么从来都没有你的消息？
B：我在南方开了一家公司，很少回来。

【题解】根据语法分析，此空缺少一个动词；从两个人的对话可以知道，他们在谈工作的事情，选项中和工作有关的词只有“做生意”，所以此空应该选 F。

54.

A：你看过那(　　)关于爱情的文章吗？
B：看过，写得非常感人。

【题解】根据语法分析，此空应该填一个量词，一般用来修饰名词“文章”的量词是“篇”，所以此空应该选 E。

55.

A：(　　)你想不想去，明天都要陪我去逛街。
B：那好吧，等我下班给你打电话。

【题解】根据语法分析，此空缺少的是一个关联词与“都”搭配。再根据句意，A 句的前半句是条件，后半句是结果，所以此空应该选 D“不管”。

第二部分

第56—65题：排列顺序。

56.

A 如果你有时间
B 我过一会儿来拿
C 麻烦你把这份材料打印一下

【题解】经观察，这三个分句体现的是一种时间顺序。材料必须先打印出来，才能来拿，所以B句应该放在C句后面。A句是C句发生的条件，所以应该放在C句前面。所以这道题的正确排列顺序是ACB。

57.

A 出去旅游时
B 否则容易走丢
C 要紧紧地跟着导游

【题解】观察后确定B句中"否则"这个关联词是关键词，B句是假设否定C句的结果，B句应该位于C句后面，而A句是整个句子的前提，应该放在句首，所以这道题的正确排列顺序是ACB。

58.

A 总是喜欢到处乱跑
B 你这孩子真不让人省心
C 万一丢了怎么办

【题解】观察后，B句的"真不让人省心"的原因是孩子"总是喜欢到处乱跑"，而孩子到处乱跑会造成"丢了"的后果。考生可以根据事情发展的逻辑顺序得出这道题的正确排列顺序是BAC。

59.

A 你游戏玩儿得好不算什么
B 这也没什么好得意的
C 成绩考第一才是真正的本事

【题解】B句的代词"这"指的是A句中的"游戏玩儿得好"，所以A句应该放在B句前面。作者否定了玩儿游戏后，最后肯定了成绩好才是真本事，所以这道题的正确排列顺序是ABC。

60.

A 我都不会乱发脾气
B 即使我再不高兴
C 因为这样容易伤到别人

【题解】根据关联词"即使……都……"可以知道，B句应该放在A句的前面，而C句是A句"我不乱发脾气"的原因，所以应该放在A句后面。这道题的正确排列顺序是BAC。

61.

A 你都应该相信他
B 那么无论别人说什么
C 既然这个人值得你信任

【题解】经观察，这三个分句涉及两组关联词。根据“既然……那么……”可以知道，C 句应该放在 B 句前面，再根据“无论……都……”可以知道，B 句应该放在 A 句的前面，所以这道题的正确排列顺序是 CBA。

62.

A 只能把旅游计划推迟
B 但是因为工作太忙
C 我本来想去旅游的

【题解】根据 C 项中的“本来想去旅游的”，说明我没有去，而我没去的原因是工作太忙，因此才把旅游计划推迟的。这三句中有两层关系，根据 B 句中的“但是”可以知道 CB 两句之间是转折关系。再根据 B 中的“因为”，可以找到 B 和 A 句之间的因果关系。因此这道题的正确排列顺序是 CBA。

63.

A 实在是不能再等她了
B 我们就不得不出发了
C 李静要是还不来

【题解】观察后，根据关联词“要是……就……”可以知道，BC 两个分句是假设关系，C 句应该放在 B 句前面，根据 A 句中的代词“她”指代的是 C 句中的“李静”，A 句应该放在 B 句后面，所以这道题的正确排列顺序是 CBA。

64.

A 可是你现在不努力学习
B 我知道学习很累
C 将来怎么在社会中和别人竞争

【题解】根据 A 句中“可是”这个转折连词可以知道，B 句应该放在 A 句前面，再根据 AC 句的假设关系，可以知道 A 句应该放在 C 句前面，所以这道题的正确排列顺序是 BAC。

65.

A 所以刚来到城市觉得不适应
B 总感觉城市的环境特别吵
C 大概是因为我习惯了农村生活

【题解】根据关联词“因为……所以……”，可以知道 C 句应该放在 A 句前面，而 B 句是对“我”不适应城市生活的进一步说明，所以应该放在 A 句后面。因此这道题的正确排列顺序是 CAB。

第三部分

第66—85题：请选出正确答案。

66.

做选择并不容易，很多人在做决定前都拿不定主意，就算经过认真思考后的决定也不一定正确，与其这样还不如去和别人多交流，听听别人的观点。

★ **这段话告诉我们做选择前：**

A 必须考虑结果　　B 应该联系实际

C 可以听些意见　　D 需要仔细思考

【题解】根据"与其这样不如去和别人多交流，听听别人的观点"这句话，可以知道我们做选择前应该听听他人的意见，所以这道题的正确答案是C。

67.

张教授就是这样的一个人，为了艺术他可以什么都不顾，特别是对京剧艺术的保护，只要是关于保护京剧文化上的事情，他从来都不会拒绝。

★ **张教授：**

A 非常大方　　B 不太负责

C 不懂得拒绝人　　**D 非常关心艺术**

【题解】从"为了艺术他可以什么都不顾"这句话可以知道，张教授对京剧艺术很上心，即非常关心京剧艺术，所以这道题的正确答案是D。

68.

很多人都喜欢看电影，我也如此。可是我看电影的目的和别人有些不同，我主要是想了解电影文化，多知道一些课外知识。

★ **"我"看电影是因为：**

A 多学知识　　B 工作需要

C 兴趣爱好　　D 没事可做

【题解】通过"可是我看电影的目的和别人有些不同，我主要是想了解电影文化，多知道一些课外知识"这句话可以知道，我看电影是为了多学知识，所以这道题的正确答案是A。

69.

事情交给小王办你还担心什么，他做事非常认真，一定可以把事情办好，我们就等着听他的好消息吧，他不会让你失望的。

★ **根据这句话，可以知道小王：**

A 比较懒　　**B 很有能力**

C 喜欢思考　　D 做事很马虎

【题解】根据"他做事非常认真，一定可以把事情办好"这句话可以知道，小王做事很认真，能把事情做好。所以这道题的正确答案是B。C项句中没有涉及。考生还可以从褒贬的感情色彩这个角度，排除 AD 两项。

70.

> 越是智商高的人可能就越孤单，因为他们关注的重点不是怎样和身边的朋友友好相处，而是怎样在生活或者工作中胜过比他们更聪明的人。

★ 优秀的人：

A 比较负责　　B 最喜欢热闹

C 朋友可能不多　　D 不喜欢帮助人

【题解】根据这段话的意思可以知道，优秀的人关注的重点不是怎样和身边的朋友相处，所以他们的朋友可能不多，所以这道题的正确答案是 C。

71.

> “天下没有白吃的午饭”，每一位成功者手中的鲜花都是他们的汗水和心血换来的，而那些什么都不做就想获得成功的人最终只能是失败者。

★ 这段话告诉我们：

A 要学会放弃　　B 要多向人学习

C 失败并不可怕　　**D 努力才能成功**

【题解】根据“每一位成功者手中的鲜花都是他们的汗水和心血换来的”这句话可以知道，想要成功，就要付出汗水和心血，就要努力奋斗，所以这道题的正确答案是 D。

72.

> 勇敢往往会和一个人的生活环境联系起来，没有那种环境很难出现勇敢的人，大部分勇敢的人并不是说多聪明，也不是性格多特别，仅仅只是因为环境的影响。

★ 这段话主要谈勇敢和什么的关系？

A 心情　B 性格　　**C 环境**　D 能力

【题解】根据“勇敢往往会和一个人的生活环境联系起来”这句话可以知道，这段话主要讲的是勇敢和环境之间的关系，所以这道题的正确答案是 C。

73.

> 我们都知道压力过大会影响人的身体健康，减轻压力的办法有很多种，最简单的就是听听音乐，散散步，但是这些方法不能从根本上解决问题，最有用的办法还是要勇敢地面对它。

★ 这段话主要是谈：

A 健康的好处　　B 如何锻炼身体

C 怎样思考问题　　**D 怎样减轻压力**

【题解】从“减轻压力的办法有很多种”这句话可以知道，这段话主要讲了减轻压力的办法，所以这道题的正确答案是 D。

74.

> 现在在年轻人中很流行自己开车出去旅游，他们比较喜欢自由，而自己开车出去就可以想去哪儿就开到哪儿，不需要听任何人的建议。

★ **根据这段话，现在的年轻人：**

A 喜欢买好车　　B 不懂得节省

C 思想很复杂　　**D 不喜欢被限制**

【题解】根据“自己开车出去就可以想去哪儿就开到哪儿，不需要听任何人的建议”这句话可以知道，现在的年轻人喜欢自由，不喜欢被人限制，所以这道题的正确答案是D。

75.

> 理解能力较好的人，不仅容易明白别人表达的意思，而且喜欢表现自己，另外，这样的人也很容易与人相处，所以他们在朋友中比较受欢迎。

★ **理解能力好的人一般：**

A 烦恼少　　**B 喜欢交流**

C 非常聪明　　D 经历丰富

【题解】通过这段话可以知道，理解能力强的人容易明白他人的意思，喜欢表现自己，还容易与人相处，朋友也很多，说明他们爱交流，所以这道题的正确答案是B。

76.

> 说话并不是一件简单的事情，如果你只注意怎样去说话，你会发现你所说的语言没有什么艺术，但是如果你用心去听，思考后所说的话往往就是一种艺术。

★ **这段话主要告诉我们：**

A 经常交流　　B 多了解艺术

C 说话前要思考　　D 少说话多做事

【题解】根据这段话的意思可以知道，我们应该经过思考之后再说话，因为“思考后所说的话往往就是一种艺术”，所以这道题的正确答案是C。

77.

> 爱写日记的人懂得坚持，不会随便说放弃，这些人在生活中也非常受欢迎，因为他们会耐心地把事情做完，而且会比其他人更有责任心。

★**爱写日记的人：**

A 缺少耐心　　B 都非常优秀

C 比别人更聪明　　**D 做事比较认真**

【题解】从“他们会耐心地把事情做完，而且会比其他人更有责任心”这句话可以知道，爱写日记的人做事比较有责任心，即做事认真，所以这道题的正确答案是D。

78.

> 小丽下午穿了一件非常紧身的衣服来让我给点意见，我说："这么紧身的衣服不是你这种胖人穿的。"她转过身一句话没说，非常生气地走了，这时我才发现自己不小心说错了话。

★ 小丽为什么会生气？

A 减肥没成功　　**B 觉得被笑话了**

C 别人说她很矮　　D 被老师批评了

【题解】根据这段话的意思可以知道，小丽生气是因为"我"说她太胖了，不适合穿这种紧身衣服，她感觉自己被笑话了，所以这道题的正确答案是B。

79.

"人心齐，才会在竞争中发展"说的完全是我们公司这几年成功发展的关键，所以接下来的这几年我希望公司所有的人都能继续坚持这种精神，不错过每一次机会，勇敢地面对将来的困难。

★ 他们公司成功的关键在于：

A 合作　　B 竞争

C 管理　　D 计划

【题解】从"人心齐，才会在竞争中发展"这句话可以知道，公司成功的关键是"人心齐"，即要团结合作，所以这道题的正确答案是A。

80—81.

> 性格关系着你的成功和失败。性格活泼外向的人，他们喜欢与人交流，而且心态很好，在面对困难时总是往好的方面想。性格内向安静的人，他们不太喜欢表达，经常一个人工作，所以他们很难成功，但是性格内向的人一大优点就是做事非常认真，他比性格外向的人考虑事情要全面。

★ 性格内向的人：

A 容易成功　　B 做事马虎

C 喜欢思考　　D 工作没耐心

【题解】根据短文，性格内向的人"不太喜欢表达，经常一个人工作，……做事非常认真"，考虑事情全面，也就是说内向的人喜欢思考，做事认真，但由于不喜欢和人交流，所以很难成功。这道题的正确答案是C。

★ 性格外向的人遇到事情时会：

A 仔细考虑　　B 自己处理

C 容易紧张　　**D 积极面对**

【题解】根据"在面对困难时总是往好的方面想"这句话可以知道，性格外向的人遇到事情时会积极面对。所以这道题的正确答案是D。

82—83.

爸爸妈妈个子都不高，他们害怕我长大以后像他们一样，所以在我很小的时候就给我订了个增高计划，首先妈妈在我吃的东西上特别注意，不允许我吃太多甜的食品，多吃米饭，除此之外，妈妈还要求我坚持锻炼，每天跑步散步，练习跳舞。现在我长大了，妈妈的苦心总算没有白费，我不但长得很高而且身体非常健康。

★ **妈妈希望我：**

A 长个子 B 成为演员

C 注意打扮 D 变瘦一点儿

【题解】根据这段话的意思，可以知道妈妈怕“我”长不高，所以“在我很小的时候就给我订了个增高计划”，这道题的正确答案是A。

★ **妈妈的计划：**

A 比较成功 B 需要修改

C 不太科学 D 非常详细

【题解】根据“妈妈的苦心总算没有白费，我不但长得很高而且身体非常健康”这句话可以知道，妈妈的增高计划很成功，长大后我不但个子高，身体也很健康。这道题的正确答案是A。

84—85.

随着生活水平的提高，不仅城市的生活条件越来越好，农村的生活也在发生着变化，很多人家中都买了电脑、空调和冰箱，他们也和城里人一样，出门就可以坐上车，交通十分方便。除了这些之外，更重要的是他们也开始注重精神生活，很多地方每到节日就会举办活动，而在平时他们会一起喝茶、聊天。

★ **根据这段话，可以知道现在的农村：**

A 仍然很穷 B 交通不方便

C 生活很丰富 D 家家都有电脑

【题解】根据这段话可以知道，农村的生活发生了很大的变化，生活和城里人一样，变得很丰富多彩。这道题的正确答案是C。

★ **这段话主要是谈：**

A 社会问题 B 城市的发展

C 经济困难 **D 农村的变化**

【题解】从“农村的生活也在发生着变化”这句话可以知道，这段话主要讲的是农村的巨大变化，所以这道题的正确答案是D。